Made in the USA
Middletown, DE
12 November 2021

52240823R00073